理系の職場

巻頭特集 1

これが天文学研究の現場だ!

日本が世界に誇る国立天文台は、天文学の最先端の研究機関です。「天文学」とは、宇宙や天体（宇宙にあるあらゆる物体）について研究する学問のこと。さまざまな観測装置を駆使して宇宙の観測をおこなったり、新たな観測装置を開発したりして、宇宙のなぞの解明に挑んでいます。

 南米チリにあるアルマ望遠鏡

世界最高性能のアルマ望遠鏡で宇宙を見る

写真：ESO/José Francisco Salgado (josefrancisco.org)

アルマ望遠鏡がある標高5000mの南米チリのアタカマ砂漠には、直径約16km（東京にある山手線の直径ほど）の範囲にたくさんのパラボラアンテナがならべられ、山のふもとにある施設から遠隔操作がおこなわれている。2011年の科学観測開始から2024年現在までに、アルマ望遠鏡は、惑星がつくられる現場で生命の起源につながるさまざまな分子が放つ電波を検出したり、130億光年以上も遠くにある天体が放った電波をとらえたりすることに成功。アルマプロジェクトは、日本やアメリカ、ヨーロッパなど20以上の国と地域が参加する史上最大規模の天文プロジェクトだ。

アルマ望遠鏡の山麓施設

アルマ望遠鏡は標高5000mの砂漠に建設されたが、標高が高く空気がうすいため、人間がしごとをするには適さない。このため、標高2900mの山麓施設から望遠鏡を遠隔操作する。ここから最寄りのまちに出るには、車で30分かかる。

山頂域に広がるアルマ望遠鏡のパラボラアンテナ。
写真：Clem & Adri Bacri-Normier
（wingsforscience.com）/ESO

アルマ望遠鏡の66台のアンテナのうち、日本は16台の開発を担当。これらには「モリタアレイ」という愛称がつけられている。

写真：ALMA (ESO/NAOJ/NRAO)

この画像は、アルマ望遠鏡が観測した若い星「おうし座HL星」を取りまくちり（小さな砂粒）の円盤。この円盤のなかでちりが合体して惑星ができる。

画像：ALMA (ESO/NAOJ/NRAO)

電波を観測して、目に見えない宇宙を見る！

写真：ESO

山麓施設にあるコントロールルームで、望遠鏡を遠隔操作するスタッフ。
写真：ALMA (ESO/NAOJ/NRAO)

電波望遠鏡とは？

星を見るということは、遠い昔に星が放った光が（とてつもなく長い距離を旅して）地球にやってきて、わたしたちの目に届くことを意味する。そして宇宙からは、光だけでなく、電波や赤外線、紫外線、X線なども地球にやってくる（しかし紫外線、赤外線、X線は大気にさえぎられて地上にはほとんど届かない）。そのうちの地上に届いた電波をとらえる装置が電波望遠鏡（光をとらえるのが光学望遠鏡）だ。電波望遠鏡は、パラボラアンテナで受信した電波をコンピュータで解析。たくさんのパラボラアンテナを組みあわせてひとつの巨大電波望遠鏡として使うこともできる。光学望遠鏡とはちがい、昼間に観測ができるのも電波望遠鏡のおもしろいところで、アルマ望遠鏡では、24時間体制で観測がおこなわれている。電波は、目に見える星よりも温度が低い物体からも出てくる。たとえば、星ぼしのあいだにただよう冷たいガスだ。大量のガスが集まることで星が生まれ、その周囲で惑星がつくられる。つまり、電波望遠鏡なら星や惑星の誕生現場を見ることができるのだ。

高所作業車の上でパラボラアンテナのメンテナンスをしているようす。

巻頭特集 2
ハワイにある日本の誇る「すばる望遠鏡」

日本の国立天文台は1991年、超大型のすばる望遠鏡の建設計画をはじめました。そのとき建設地として選んだのは、アメリカのハワイ島にそびえるマウナケア山頂域（標高4200m）でした。

マウナケア山頂域の望遠鏡群

すばる望遠鏡が日本国内でなくハワイに建設された理由は、次のとおりです。

- 1年をとおして天気がよい。
- 大気がうすく安定し、空気も乾燥している。
- 観測をさまたげる人工的な光がほとんどない。

じつは、すばる望遠鏡のあるマウナケア山頂域は、地球上でもっとも天体観測に適した場所のひとつ。そのため、世界有数の望遠鏡が集まっています。

天体観測の条件にめぐまれたマウナケア山頂域には、さまざまな望遠鏡が見られる。➡がすばる望遠鏡。

世界最大級の鏡

すばる望遠鏡の最大の武器は、天体の光を集める直径8.2mの巨大な主鏡です。鏡が大きければ大きいほど、天体の弱い光をつかまえやすくなります。

巨大な鏡をそなえた望遠鏡は、暗い天体をとらえる能力とともに、天体の構造を細かく見分ける能力（視力）もすぐれています。すばる望遠鏡の視力は、富士山の山頂域においたピンポン玉が東京から見えるほど！

また、すばる望遠鏡には専用に開発されたカメラなどの観測装置が取りつけられ、目に見える光（可視光線）だけでなく、赤外線など、目に見えない電磁波*も観測することができます。

すばる望遠鏡はこれまで、新たな宇宙のなぞに挑みつづけるため、つねに最先端の観測装置を開発し、取りつけてきました。そのため、完成から25年以上たった現在でも、世界の天文学研究の第一線で活躍しつづけています。

完成した主鏡鏡材。奥に見える人物の大きさとくらべると、その巨大さがわかる。

マウナケアのすばる望遠鏡施設内で、日本から運ばれた直径9.4mの主鏡セルにアメリカ本土で研磨した主鏡を乗せ、組みあわせ試験をしたときのようす。

まめ知識

10年をかけて建設

建設地のマウナケア山頂域は、3776mの富士山よりも高い。酸素がうすいことに加えて、現在のようなすぐれた建設機械がなかった工事は、過酷を極めたという。望遠鏡本体は日本国内でつくったものを現地まで運搬し、山頂域で組みたてた。だが望遠鏡の直径8.2mの巨大な鏡は、小さい部品にわけて運ぶことができない。そこで、厚さ20cm、直径8m以上の鏡材をアメリカ本土でつくって研磨し、それをハワイに運びいれた。梱包すると幅が約10mにもなり、高速道路の幅いっぱいを使って運んだという（右の写真）。マウナケア山頂域のすばる望遠鏡施設内に釜を設置し、運ばれた鏡材を釜に入れてなかを真空にして、表面にアルミニウムのついた特性フィラメントに電圧をかけて熱し、アルミニウムを蒸発させてガラスの表面に蒸着することで鏡を完成させた。蒸着は、物質を蒸発させ、うすい膜にした状態で付着させる方法だ。高度な技術が必要なため、三鷹の国立天文台で何度も実験がくりかえされたという。こうした困難を乗りこえ、1999年1月、およそ10年をかけて完成したのが、すばる望遠鏡なのだ。

すばる望遠鏡の鏡をトラックで移送するようす。

*電流が流れると発生する「電場」と「磁場」の変化が空間を伝わっていく波で、目に見える可視光線も電磁波の一種。波長が長い方から順に、電波、赤外線、可視光線、紫外線、X線に分類される（→p13）。

はじめに

みなさんのおじいさん・おばあさんの子ども時代といえば、将来のなりたい職業として、エンジニアや科学者などといった理系の職業をあげる人が多くいました。その背景には、当時の日本が科学技術の進歩に支えられ、経済・産業を急速に発展させていたことがあげられます。ところがその後、日本経済は低成長の時代となり、子どもたちの理系ばなれも加速していきました。OECDが4年に一度おこなっている世界共通のテストでは、かつて1位をとっていた数学で、日本はどんどん順位をさげ、子どもたちの理系科目の学力をあげなければ、日本の経済・産業が心配だといわれるようになりました。

近年、理系のしごとの人気がふたたび高まっているといいます。その背景には、日本人のノーベル賞受賞者があいついだことや、大学で学んだ専門知識や技術などをしごとに生かしたいと考える人がふえたことなどがあります。また、理系の職場や進路をめざす女性が昔より増えはじめ、「理系女子」を省略した「リケジョ」という言葉も使われるようになりました。

さて、このシリーズは、かつての子どもたちのあこがれで、近年ふたたび人気が高まっている理系の職場で活躍する人たちを見て、みなさんの将来のしごとについて考えるきっかけにしてほしいと企画したシリーズです。巻ごとに理系のしごとのなかからひとつの組織を取りあげ、そのしごと内容をくわしく見ていき、さらに巻末では、さまざまな理系のしごとを紹介したいと思います。

●もくじ

巻頭特集1 これが天文学研究の現場だ！	1
巻頭特集2 ハワイにある日本の誇る「すばる望遠鏡」	4
はじめに	6

しごとの現場を見てみよう！

❶国立天文台とは	8
❷巨大望遠鏡で天体を観測する	10
国立天文台職員ファイル① 森鼻久美子さん	14
国立天文台職員ファイル② 早津夏己さん	15

今回、この本で紹介するのは、「国立天文台（正式名称・大学共同利用機関法人自然科学研究機構国立天文台）」です。巻頭特集で見たように、日本の「国立天文台」が南米のチリやアメリカのハワイに望遠鏡をつくっています。そこでは世界中から集まった科学者といっしょに日本人が大活躍しています。この本ではそうした人たちのしごとぶりとその職場について見ていきます。

このシリーズで紹介される人たちのがんばりを見て、理系のしごとに改めて魅力を感じる人もいるでしょうし、新たに将来のしごとの選択肢として興味をもつ人もいるはずです。そうした思いとともに、理系の科目やしごとを敬遠することなく、みなさんにどんどん興味をもってもらうことを願っています。

子どもジャーナリスト 稲葉茂勝
Journalist for Children
こどもくらぶ

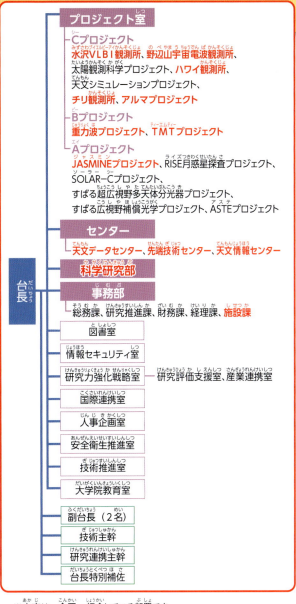

※赤字は、今回、紹介している部署です。

❸宇宙のなぞを解明する ……………………………… 16
　国立天文台職員ファイル③ 赤堀卓也さん ………… 18
❹技術で天文学を支える ……………………………… 19
　国立天文台職員ファイル④ 清水莉沙さん ………… 22
❺研究者を支える ……………………………………… 23
　国立天文台職員ファイル⑤ 林 雄輝さん ………… 27
●国立天文台の職員になるには？ …………………… 28
●まだまだあるよ 天文学にかかわるしごと ……… 30
さくいん ………………………………………………… 31

しごとの現場を見てみよう！ ①国立天文台とは

国立天文台は、日本の天文学研究の中心をになう機関。本部は、東京都三鷹市にあり、そのほか国内外に多くの観測所や観測施設をもっています。光学望遠鏡や電波望遠鏡、スーパーコンピュータなどさまざまな観測装置を使って、世界最先端の天文学の研究をおこなっています。

地図と写真で見る国立天文台

国立天文台の全体像を見てみましょう。国内だけでなく、海外にも観測所や観測装置などがあることがわかります。地図をよく見て確認してみましょう。

野辺山宇宙電波観測所
● 所在地：長野県南佐久郡南牧村野辺山462-2

三鷹キャンパス（本部）
● 所在地：東京都三鷹市大沢2-21-1

重力波プロジェクト神岡分室
● 所在地：岐阜県飛騨市神岡町東茂住238

ハワイ観測所岡山分室
● 所在地：岡山県浅口市鴨方町本庄3037-5

山口観測局
● 所在地：山口県山口市仁保中郷123
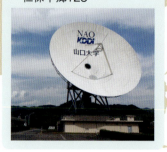

VERA入来観測局
● 所在地：鹿児島県薩摩川内市入来町浦之名4018-3

石垣島天文台
● 所在地：沖縄県石垣市新川1024-1

VERA石垣島観測局
● 所在地：沖縄県石垣市登野城嵩田2389-1

国立天文台とは

水沢VLBI観測所
● 所在地：岩手県奥州市水沢星ガ丘町2-12

江刺地球潮汐観測施設
● 所在地：岩手県奥州市江刺伊手字阿原山1-3

茨城観測局
● 所在地：茨城県高萩市石滝627-1

写真：茨城大学、国立天文台

VERA小笠原観測局
● 所在地：東京都小笠原村父島字旭山

すばる望遠鏡（ハワイ観測所山頂施設）
● 所在地：ハワイ島マウナケア山頂域（標高4200m）

ハワイ観測所山麓施設

アステ望遠鏡
● 所在地：チリ共和国アタカマ砂漠（パンパ・ラ・ボラ、標高4860m）

アルマ望遠鏡（山麓施設）
● 所在地：チリ共和国アタカマ砂漠（標高2900m）

アルマ望遠鏡（山頂施設）
● 所在地：チリ共和国アタカマ砂漠（標高5000m）

写真：Y. Beletsky (LCO)/ESO

チリ観測所（サンチャゴオフィス）

合同アルマ観測所（サンチャゴオフィス）

しごとの現場を見てみよう！

❷巨大望遠鏡で天体を観測する

ここでは、ハワイのマウナケア山頂域にあるすばる望遠鏡（光学望遠鏡→p4）と、長野県にある野辺山宇宙電波観測所（電波望遠鏡→p13）で働く人たちのようすを見てみましょう。

天文学の発展をめざして

「天文学」という学問には、人類共通の目標があります。それは、ずばり「宇宙のなぞを解明すること」。

そのため、国立天文台では、世界第一線の観測成果を出せるように、ハワイや南米チリのような世界有数の観測地に望遠鏡を建設し、現地スタッフと協力したり、ときにはほかの国ぐにとの国際協力をおこなったりして運用しています。

世界から多くの研究者がやってくる

すばる望遠鏡のような最先端の技術を誇る大型望遠鏡は、すぐれた観測成果が期待されます。そのため、世界中に利用希望者がいます。

国立天文台では、希望者の研究内容を慎重に審査した上で、厳選した研究プロジェクトに対し望遠鏡利用を許可しています。大型望遠鏡を稼働する費用は莫大で、規模も大きいため、効率よく観測ができるよう、利用計画やスケジュールを綿密に立てています。

●観測の流れ

観測の依頼の受付
世界中の研究者から「観測提案書」が提出される。

↓

「観測提案書」の審査

↓

観測の準備
観測スケジュールをつくり、望遠鏡の観測装置などを準備する。

↓

天体を観測
「観測提案書」にもとづいてオペレーターが望遠鏡を操作し、提案書を出した研究者が観測する。

↓

観測データの保存と公開
観測データは観測所のデータシステムに保管される。ある期間をすぎると一般に公開され、世界中のだれでも利用できるようになる。

ドームのなかにあるすばる望遠鏡の本体。高さは22mにもなる。

すばる望遠鏡の本体（真んなかの青い部分）は、天候などの影響を受けないよう円筒形のドームに守られている。

スタッフが研究や装置開発をおこなう、マウナケアのふもとにあるハワイ観測所の山麓施設。観測データがここに転送され、さらに東京都三鷹市の国立天文台本部にも転送される。

近年、研究者は山麓施設にあるリモート観測室から観測ができるようになった。

ハワイの観測所はどんなところ？

ハワイ観測所には、現地やほかの国出身のスタッフなどが100名以上常駐しています。彼らは、ふだんは山麓施設でしごとをし、望遠鏡の調整や観測担当のときにだけ車で2時間かけて山頂域にいきます。なぜなら山頂域は酸素がうすく、疲労度が増し危険をともなうからです。

モニターをのぞきこんで天体観測

観測は「観測提案書」をもとに進められます。昼間は、デイクルー*が、決められた観測スケジュールにあわせて観測装置を交換し、観測の準備をおこないます。夜間は、望遠鏡を操作するスタッフ（オペレーター）が、天候などを判断しながら望遠鏡を操作します（→p12）。

一般に望遠鏡（光学望遠鏡）というと、筒をのぞきこんで見るようすが思いうかびます。でも、すばる望遠鏡の操作は、すべてコンピュータを通しておこなわれます。すばる望遠鏡がとらえた画像データもコンピュータが解析して、観測結果が、モニターに映しだされます。

ドームから少しさがったところにある観測制御棟。オペレーターは、ここで望遠鏡を操作する。

＊夜間の観測にそなえ、日中にマウナケア山頂域のすばる望遠鏡施設にあがり、さまざまな作業をするメンバーのこと。

すばる望遠鏡のとなりにある観測制御棟ではオペレーター（左）が望遠鏡を操作する。右は観測をサポートする研究者（サポートアストロノマー）。

望遠鏡が大型化するわけ

　天文学は、望遠鏡の進歩とともに歩んできた。望遠鏡の進歩といえば、大きさだ。レンズや鏡が大きいほど（レンズや鏡の直径＝口径が大きいほど）光を集めやすくなる。その結果、小さい望遠鏡では検出できなかった暗い天体を見つけだすチャンスが増えるという。こうして望遠鏡は、大型化してきたわけだ。2024年現在、日本、アメリカ、カナダ、インドの4か国が協力して最先端の望遠鏡「TMT（Thirty Meter Telescope）」の建設を進めている。すばる望遠鏡の建設で得た経験と技術が惜しみなくつぎこまれているという。TMTの主鏡は、492枚の六角形の鏡を組みあわせることによって全体をあたかも一枚の30m鏡として機能させる複合鏡で、口径がすばる望遠鏡の8.2mの約4倍になる。下は、国際協力によって進められているTMTの完成予想図。

写真：国立天文台/HSC Project

鏡を傷つけないように注意しながら、デイクルー（→p11）がすばる望遠鏡の先端部分に巨大なデジタルカメラを取りつける。

2 巨大望遠鏡で天体を観測する

国内の観測所では

　長野県にある野辺山宇宙電波観測所は、口径45mのパラボラアンテナをはじめ、たくさんのパラボラアンテナや関連施設で構成される観測施設です。ここでは、宇宙のかなたの天体からやってくる電波をとらえて、星やブラックホールのまわりにある物質を観測したり、星や銀河の成りたちを調べたりしています。

　電波望遠鏡のしくみは、パラボラアンテナが宇宙からやってくる電波を集め、受信機が電気信号に変換。その電気信号が観測施設に送られて、電波分光計とよばれる機械で電波強度が記録されるというもの。集めたデータをコンピュータで合成することで電波画像がつくられます。

電波望遠鏡のパラボラアンテナ

　野辺山宇宙電波観測所には、「ミリ波」とよばれる電波を受信する世界最大級の口径（45m）を誇るパラボラアンテナのほか、比較的小型のパラボラアンテナもたくさんあります。

　受信機や電波分光計といった装置を開発し、交換することで、完成から40年以上たったいまも世界最高級の性能をもっています。

1982年に完成してから、暗黒星雲（宇宙のなかで雲のように見えるところ）のなかに有機物があることをつきとめるなど多くの功績をあげてきた世界最大級の口径45mパラボラアンテナ。

波長によってことなる天体の姿

　宇宙から届く電波、赤外線、可視光線、紫外線、X線などの電磁波（→p5）は、波長によって性質がちがう。そのため、観測する波長によって、電磁波の集め方や検出装置がことなる。また、ことなる波長の電磁波で宇宙を観測すると、下のように同じ天体であってもそれぞれちがった姿が見える。

● 銀河の見え方のちがい*

可視光線
画像：NASA, JPL-Caltech, K. Gordon (University of Arizona)

赤外線
画像：NOAO, AURA/NSF

*赤外線の画像は観測データにもとづき人為的に着色（疑似カラー）。

世界最大級の大きさを誇る45m電波望遠鏡。600枚のパネルが誤差0.1mmで取りつけられている。

国立天文台職員ファイル①

森鼻久美子さん

ハワイ観測所／Instrument Division (装置部門)

しごと歴：2年
大学で専攻した分野：X線天文学、赤外線天文学
子どものときの趣味：ピアノ、昆虫採集、
キャラクターグッズ集め

このしごとにつこうと思ったきっかけは?

子どものころから、宇宙を研究する職業につきたいと思っていました。大学卒業後、一度企業に就職しましたが、夢をあきらめきれずに大学院に入学。そこで天の川銀河の観測をしてデータをまとめるという研究をしているうちに、しだいに観測装置に興味がわき、もっと理解を深めたいと思うようになりました。それが、きっかけです。

実際に働いてみてどうですか?

観測の目的によって、すばる望遠鏡に搭載される観測装置を交換したり、装置のトラブルを解決したりするしごとをしています。とくに、望遠鏡の先端付近（トップリング）に巨大な装置を取りつける作業は非常にむずかしいです。でも、このしくみを使っている大型望遠鏡は、世界でもすばる望遠鏡だけ。そう思うと、ひとつひとつの作業に慎重さと冷静さが必要だと感じています。

しごとをする上で、大切にしていることは?

すばる望遠鏡は、取りつける装置もとても大きく、しくみも複雑です。装置にかかわる作業をまちがえると、望遠鏡が故障したり、観測ができなくなったりしてしまうので、チームのメンバーとしっかりとコミュニケーションをとるようにしています。山頂は酸素が少なく、脳の処理能力が低下しがちなので、しごとの内容をおたがいに確認しあいながら進めることも大切です。

やりがいを感じるのは、どんなときですか?

トラブルが発生した際の作業はたいへんですが、復旧できて無事に夜の観測に間にあったときは、安心するとともに、やりがいを感じます。ものの中身やしくみを知るのが好きなので、トラブル時に装置の内部をくわしく調べられるのも楽しいです。また、すばる望遠鏡にこれから取りつけられる、最先端の技術を駆使した装置にかかわることができるという楽しさもあります。

日頃、どのようにしごとをしていますか?

いろいろな装置のしごとを並行しておこないながら、自分の研究も進めなければならないので、それぞれの時間配分を考え、集中しつつもうまく切りかえることを心がけています。ときにはじっくり考えないといけないこともあるので、そのようなときはまとめて時間を確保できるよう調整しています。

子どものころの夢は?

小学校では理科の授業が大好きでした。ある日、テレビで宇宙を特集した番組を見て「これだ!」と感じ、宇宙の研究者をめざすようになりました。

国立天文台職員ファイル❷

早津夏己さん
天文情報センター／石垣島天文台

しごと歴：1年
大学で専攻した分野：宇宙物理学
子どものときの趣味：水泳、木登り、読書、お絵描き

このしごとにつこうと思ったきっかけは？
子どものころからなんとなく、研究者ってかっこいいなと思っていました。高校の物理の授業で、ものごとの因果関係を数式で説明できることがおもしろく、大学院では宇宙物理学を専攻しました。その後、石垣島天文台で研究員を募集していることを知り、業務内容に魅力を感じて応募しました。

実際に働いてみてどうですか？
石垣島天文台がある山の上で「むりかぶし望遠鏡」のオペレーションをするのですが、夜に観測をしていると、石垣の星空をひとりじめしているような、ぜいたくな気分になります。それ以外にも、研究、教育、広報普及活動における運営方針を現場のスタッフどうしで話しあい、問題を解決しながら前進していく「現場感」が気にいっています。

しごとをする上で、大切にしていることは？
日頃から周囲を気にしすぎず、限界を決めず、たくさん挑戦することを大切にしています。そのことがしごとにもいきていると感じます。一見、身のたけにあわないような大きな挑戦をするときには、小さく段階をわけて目標を決め、ひとつ達成するごとによろこんだり、反省したりするように心がけています。

やりがいを感じるのは、どんなときですか？
大きい望遠鏡を操作するのは、ダイナミックで楽しいです。また、自分の頭と手を動かして知識を深め、ほかの研究者と協力しながら研究を進めていくことは、たいへんな分、やりがいもあります。どの業務においても「このしごとを選んでよかった、あきらめなくてよかった！」と思える瞬間があります。

日頃、どのようにしごとをしていますか？
日々、論文や観測提案、研究費申請などのしめきりに追われています。研究会を主催して外部の研究者に来てもらったり、研究発表のために出張したりすることもあります。空き時間にメールや論文をチェックして、問題があれば、研究チームで研究の内容や進め方などについてリモートで会議をします。夜に観測があると、夕方から出勤する日もあります。

子どものころの夢は？
周囲からほめられると、それに関連した職業を夢見ていました。小学校では漫画家、中学では国家公務員など、さまざまな職業が気になっていましたが、そんななかでもずっと、研究者に対するあこがれはありました。

しごとの現場を見てみよう！

❸宇宙のなぞを解明する

国立天文台では、望遠鏡で宇宙を観測するほか、そこで得られたデータを解析したり、シミュレーションをしたりして天体の性質や成りたちを調べることで、宇宙の姿を理論的に解きあかす研究をおこなっています。

こういうしごとをしています

人類共通の目標である「宇宙のなぞを解明する」ためのしごとは、研究者だけでできるものではありません。国内外のさまざまな職種の人たちが協力しあいながら進めています。

天体の観測をおこなう人もいれば、さまざまな観測装置を運用する人もいます（→p14）。また、新たな観測装置を開発する人もいます（→p22）。大勢の人が気持ちをひとつにして、目標をめざし、日々のしごとをおこなっているのです。

2つの天文学がともに進歩

近年、さまざまな観測装置がどんどん進化したことで、研究者たちはより鮮明な画像を用いて研究をすることができるようになりました。「観測天文学」も日進月歩です。

一方、観測天文学の進歩とともに車の両輪とされる「理論天文学」でも、スーパーコンピュータの計算力などにより、望遠鏡では見ることができない宇宙の姿を、コンピュータ・シミュレーションによって描きだすことができるようになり、大きな成果を出しています。

◆まめ知識◆ 第3の天文学とは？

天文学には、肉眼や光学望遠鏡、電波望遠鏡などの観測装置を使って宇宙を観測する「観測天文学」と、物理学と数学によって現象を解きあかす「理論天文学」とがある。それらが車の両輪として発展してきた。コンピュータが発達した現代では、これまでにわかった宇宙の物理法則にもとづいて、コンピュータの計算力を用い、宇宙でなにが起こったか、これからなにが起こるかなどをシミュレーションできるようになった。

「シミュレーション」とは、「実際に想定される条件でおこなう実験によって、現象や状況を再現すること」をさす。たとえば右上の画像は、実際の天の川銀河のようすではなく、コンピュータを使ったシミュレーションで再現された「模擬的な天の川銀河」の姿だ。望遠鏡では観測できない宇宙の現象を、コンピュータ・シミュレーションによって描きだすのだ。これは、「シミュレーション天文学」または「第3の天文学」などとよばれている。

画像：馬場淳一、中山弘敬、国立天文台4次元デジタル宇宙プロジェクト

スーパーコンピュータ「アテルイⅡ」（→右ページ）のシミュレーションで再現された天の川銀河の姿。

世界の最先端をいく科学研究部

理論天文学の分野では、シミュレーション技術を駆使し、すばる望遠鏡やアルマ望遠鏡などの最新の観測装置から得られる観測結果を解釈することで、新たな展開を見せています。これからの天文学研究の発展には、分野の垣根をこえた研究が重要になります。その中心をになう部署が科学研究部です。

科学研究部は、国立天文台のスーパーコンピュータや大型観測装置を活用して、世界のトップレベルの天文学研究をおこなうことを目標としています。宇宙の過去から未来、宇宙全体から恒星・惑星まで、時間と空間のあらゆるものを対象にして、理論と観測を融合したさまざまな研究をおこなっています。

科学研究部の研究者が参加した研究チームによって正確な距離が測定された、134億光年かなたの銀河「CEERS2_588」の擬似カラー画像（拡大図の中心にある赤い天体）。
画像：NASA, ESA, CSA, Harikane et al.

まめ知識　天文学専用のスーパーコンピュータ「アテルイⅡ」

スーパーコンピュータ（スパコン）アテルイⅡがおかれているのは、岩手県の水沢VLBI観測所（→p9）だ。その名前「アテルイ（阿弖流為）」とは、いまから1200年ほど前に岩手県の水沢付近に暮らしていた蝦夷の長であり、朝廷の軍事遠征に対して蝦夷をまとめて勇猛果敢に戦った英雄のこと。これにちなんで、スーパーコンピュータにもその計算能力をいかして果敢に宇宙のなぞに挑んでほしい、という願いをこめて「アテルイ」の愛称がつけられた。なお、水沢におかれたのは、コンピュータから熱が発生するため、すずしい土地に設置する必要があったからだ。

天文学専用のスーパーコンピュータ「アテルイⅡ」。高速ネットワーク回線を介して国内外からのアクセスやデータの送受信が容易にできる。

国立天文台職員ファイル ③

赤堀卓也さん

水沢VLBI観測所／SKA1サブプロジェクト

しごと歴：6年
大学で専攻した分野：宇宙物理学
子どものときの趣味：山遊び・川遊び、バスケットボール

このしごとにつこうと思ったきっかけは？

いま、「SKA（Square Kilometre Array）」という世界最大の国際電波望遠鏡の建設プロジェクトにかかわっています。SKAができれば、あっと驚く大発見がたくさんあると期待されていて、日本の研究者もこの望遠鏡を使って研究ができるといいなと思っています。そのためには計画に日本が参加することが必要なので、そのしごとを自分から率先しておこないたいと思いました。

しごとをする上で、大切にしていることは？

わたしが所属する水沢VLBI観測所の初代観測所長だった木村榮博士は、所員をたいへん大切にされたそうです。わたしも人にしごとをお願いする立場にありますが、それぞれの人の想いや興味を大切にしたいと思っています。しごとは楽しく熱中できるものであるべきで、その熱中のなかからよいものが効率的に生みだされると考えています。

日頃、どのようにしごとをしていますか？

メールやリモート会議で人と相談し、考えたことや調べたことを文章にまとめる作業が多いです。予算を申請したり、成果を報告したりすることも多いのですが、それも文章書きです。あとは計画を説明するために、図や表をつくることもあります。ほとんどがパソコンを使った作業です。

子どものころの夢は？

機械や工作が好きで、幼稚園では飛行機のパイロット、小学校ではプラモデル屋さんになるのが夢でした。中学校・高校で学ぶうちに、ダーウィンやアインシュタインなどの科学者にあこがれて一生懸命勉強し、大学受験のころには、はっきりと宇宙物理学者になる夢が定まっていました。

実際に働いてみてどうですか？

大きな計画なので大きな予算が必要です。その予算がなかなか手に入らず、むずかしいしごとだと感じています。また、多くの人の理解と協力がなければ絶対に達成できないので、納得してもらえる計画をつくること、そしてそれをていねいに説明してじゅうぶんに理解してもらうことが、とてもたいへんです。

やりがいを感じるのは、どんなときですか？

ことなる文化や考えをもつ世界中の研究者とよいものをいっしょにつくりあげようとする活動は、意見の衝突もありますが、驚きもあり楽しく、おたがいを尊重しあう美しさがあります。議論がいい案を生んだときには、やりがいを感じます。完成したときには、みんなでつくりあげたという達成感があります。

④技術で天文学を支える

しごとの現場を見てみよう！

国立天文台の研究活動には、技術系のスタッフが必要不可欠。現在稼働している望遠鏡の管理・点検・修理などをするほか、新しい機能をもった次世代の観測装置の開発なども担当します。その主体が、先端技術センターです。

先端技術センターとは

「先端技術センター」は、国立天文台でおこなっている技術開発の中核にあたる組織。電波、赤外線、可視光線、紫外線などを利用した観測装置の開発をおこなっています。

現代の天文学の進歩は、新しい観測装置や器具の開発によってもたらされるといっても過言ではありません。このため先端技術センターには、超伝導ミキサーや衛星搭載望遠鏡の開発が可能な高品質・大型クリーンルーム、各種の光学試験設備、精密工作装置、特殊コーティング装置など、世界最高水準の設備があり、国立天文台内外の研究者・技術者に活用されています。なお、こうしたなかでしごとをする人には、高度な観測装置の設計から製作、試験までを一貫して実施するものづくりをおこなうための能力・気力・体力が求められます。

5つのグループ

先端技術センターは、組織として次の5つのグループにわかれています。

先端技術センター

- **開発推進グループ**：設備の管理・運用、事務支援をになう
- **システム設計グループ**：装置の具体化におけるエンジニアリングをになう
- **先端ミッション機器開発グループ**：観測装置の研究・開発をになう
- **保全グループ**：望遠鏡や装置の保守・運用をおこなう
- **製造設計グループ**：コンポーネントや部品の製造をになう

先端技術センターの前身組織

現在の先端技術センターの前身は、1993年につくられた「天文機器開発実験センター」で、そこは、すばる望遠鏡に搭載される観測機器、気球や観測ロケット搭載装置、太陽観測衛星「ひので」に搭載した望遠鏡などの開発拠点として大きな役割を果たした。その後、天文学の急速な進展に対応。開発体制の充実強化が必要との認識のもと、2005年8月に旧センターとアルマ望遠鏡の受信機グループが統合される形で、先端技術センターが発足。創設から10年強で組織替えになったことは、日本の天文学の急進性を示すものといわれている。

先端技術センターの部屋には先端技術が詰まっている。

4つの設計チームのしごと

19ページの5つのグループは、それぞれ複数のチームによって構成されています。

ここでは、観測装置の設計・開発をおこなっているシステム設計グループを見てみましょう。4つの設計チームがひとつのグループに編成され、緊密な協力体制がとられています。

①熱構造設計チーム

このチームは、観測装置などの熱および構造について、概念検討から性能評価までを担当。常温から極低温までの幅広い温度範囲で使われる装置の開発実績をもっていることが特徴だ。さまざまな研究プロジェクトから依頼を受け、地上から宇宙まで多様な観測装置の開発にたずさわっている。

③検出器設計チーム

世界にひとつしかないアンテナや望遠鏡に特化した受信装置の設計・開発・製造・保守をおこなうチーム。検出器の開発には、電気・機械・真空・極低温など、さまざまな技術領域に対応できる能力が必要。このチームは、これまでつちかった経験により、天文学の発展に寄与している。

②光学設計チーム

特殊な装置により、光学系の設計から迷光[*1]や公差[*2]の解析・試作・計測・組立までをおこなう。地上から宇宙までさまざまな観測装置の光学系開発や、将来の観測装置に向けた光学要素技術開発も担当している。

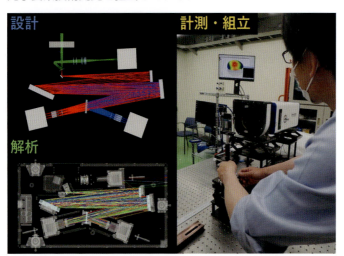

④システムズエンジニアリングチーム

観測装置の開発において、開発全体の設計・管理などをおこなうチーム。大型で複雑な装置が期待どおりに完成するよう、科学者と技術者の橋渡しをする役目をになっている。

*1 光学機器の内部に発生し性能に悪影響をおよぼす、光の散乱のこと。
*2 加工の際に発生する誤差に対して、許容される範囲を定めたもの。

4 技術で天文学を支える

先端技術センターの実績

同センターはこれまで、たくさんの開発をおこなってきました。どんなものを開発してきたか、ここではとても紹介しきれません。そこで、現在開発が進められている、電波、重力波、光赤外の観測装置の最新情報を見てみましょう。

●電波

電波は、天体が発する電磁波のなかでも波長が長いもの。目で見ることができない。この分野では、アルマ望遠鏡（→p1）や、野辺山宇宙電波観測所の電波望遠鏡（→p13）に搭載する装置の開発をおこなってきた。現在もそれらのほか、国内外の大学および関連機関の電波天文観測装置の開発・サポートをおこなっている。

●重力波

質量をもった物体が存在すると、それだけで時空にゆがみができる、その物体が運動をすると、この時空のゆがみが光速で伝わっていく。これが「重力波」。最近では重力波を観測することで、ブラックホールの衝突など、従来の電磁波を使った観測では見ることのできなかった新しい宇宙の姿を調べられるようになってきた。先端技術センターでは、日本の「大型低温重力波望遠鏡KAGRA」が必要とする主要な光学機器や防振装置などの設計・製作をおこなっている。

岐阜県飛騨市にある神岡鉱山の地下に建設された重力波望遠鏡KAGRA。東京大学宇宙線研究所をホスト機関、国立天文台と高エネルギー加速器研究機構を共同ホストとして、国内外の多くの大学・研究機関が協力して研究を進めている。

●光赤外

目で見える光（可視光線）と、それよりも波長の長い赤外線を利用して宇宙を観測する分野。すばる望遠鏡（→p10）や世界最先端の望遠鏡として計画が進んでいるTMT（→p12）に搭載される観測装置の開発がおこなわれている。

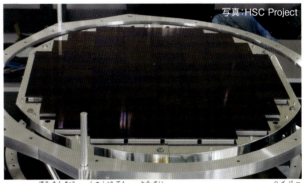

写真：HSC Project

すばる望遠鏡の主焦点に搭載されるデジタルカメラHyper Suprime-Cam（HSC）。広視野、高解像度、高感度という特色をいかし、新しい天体や現象を調べる研究に力を発揮する。

もっと知識　宇宙から宇宙を観測

宇宙では、地球大気の影響を受けることなく、あらゆる波長で宇宙を観測することができる。先端技術センターでは、人工衛星に搭載する観測装置の開発もおこなっている。地上で使われ成熟した技術と既存の宇宙技術を組みあわせて、宇宙空間で使用可能な技術に発展させる取り組みは、衛星に搭載する観測装置開発のだいじなプロセスだ。

JASMINEプロジェクトは、赤外線で位置天文観測をおこなう世界初の衛星計画で、2020年代後半の打ち上げをめざしている。可視光では見通せない天の川銀河の中心領域にある星ぼしの位置と動きを、精密に測定する。これにより銀河中心にひそんでいる天の川銀河全体の変遷の痕跡をとらえ、天の川銀河全体の形成史を解きあかす。また、太陽より軽い恒星まわりの生命居住可能領域にある地球型惑星の探査も実施。先端技術センターでは、撮像をおこなう赤外線検出器を-100℃に冷却するための装置や、検出器そのものの開発をおこなっている。

国立天文台職員ファイル ④

清水莉沙さん

先端技術センター/システム設計グループ/熱構造設計チーム

しごと歴：6年
大学で専攻した分野：機械工学、精密工学
子どものときの趣味：ピアノ、読書、タイピングゲーム

このしごとにつこうと思ったきっかけは？

高校生で進路になやんでいたとき、国立天文台の定例観望会に参加する機会がありました。50センチ公開望遠鏡をのぞいたり、研究者の方からお話をうかがったりするなかで、天文学に関心をもちました。工学にも興味があったので、ものづくりで宇宙にかかわるしごとがしたいと思うようになりました。

実際に働いてみてどうですか？

観測装置は、低温真空中など、特殊な環境で運用することが多いので、普通の機械がおかれている環境とことなる課題に直面することがしばしばあります。しかし、ひとつひとつ問題を整理してみると、基礎的な学問をベースとした考え方で対応できることが多く、大学までで学んだ学問の重要性を実感しています。

しごとをする上で、大切にしていることは？

ねばり強さと、勉強を続けることです。考えが凝りかたまってしまわぬよう、新しい技術の情報を収集したり、本を読んだりして、毎日の積みかさねをおこたらないようにしています。また、わからないことがあったときはそのままにせず、まわりの人とよく話しあって解決するようにしています。

やりがいを感じるのは、どんなときですか？

実際につくったものが計算とあったときです。簡単な形状や条件なら計算と合致しやすいですが、複雑になってくると、どんどん推測がむずかしくなってきます。いかにシンプルにモデルを作成するかが、設計者の腕の見せどころです。

日頃、どのようにしごとをしていますか？

大きなプロジェクトは、いろいろな分野の専門家といっしょになって進めます。わたしは熱・構造の観点から、観測機器が性能を達成するために重要な点はどこかをチーム内で相談しながら、設計をしています。自分の専門分野以外にも興味をもって積極的に取りくむよう心がけています。

子どものころの夢は？

小学生のころは、江戸切子など素敵な工芸品を生みだす伝統工芸士にあこがれていました。子どものころからものづくりが好きだったので、大学では工学を学びたいと考えるようになりました。

❺研究者を支える

しごとの現場を見てみよう！

最後に、国立天文台のしごとのなかで、研究者や技術者などを支える職員に焦点をあててみます。そこには「子どものころから星空をながめるのが好きで、国立天文台にも何度か来たことがあります」（→p27）という縁の下の力持ちさんもいるようです。

天文データセンター

天文データセンターは、国立天文台や大学の望遠鏡を使って得られた天文観測データをコンピュータで収集・保存し、国内外に公開・発信する施設です。世界中の研究者がこれらの巨大な観測データを利用できるように、さまざまなサポートをおこなっています。

また、すばる望遠鏡の巨大なデジタルカメラで撮られたデータの解析と解析したデータの公開を、国立天文台ハワイ観測所（→p11）と共同でおこなっているほか、世界中の観測データを手軽に検索・表示して取りだせる「バーチャル天文台（JVO=Japanese Visual Observatory）」の開発と運用に取りくんでいます。

豆知識 バーチャル天文台

すばる望遠鏡など、世界の主要な望遠鏡で観測したデータはコンピュータに保管され、一定期間後にインターネットを通じて公開される。最近の天文学研究には、こうしたデータの有効活用が不可欠だ。そこで、世界中のコンピュータに蓄積された天文観測データをインターネット上で利用できるようにした「バーチャル（仮想）天文台」が登場。国立天文台のJVOは、研究者から「〜を観測せよ」と指令を受けると、世界中に分散する観測データのなかから適切なデータをさがしだし、研究者に提供している。

センターでは、データを解析するための共同利用計算機システムを運用して研究者をサポートしている。左の写真は端末機がならぶ部屋、右は天文データ用の計算機群。

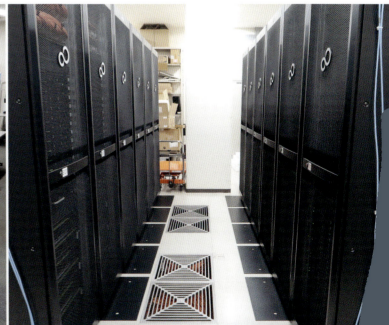

天文情報センター

「国立天文台は、天体が発する光や電波そして重力波を捉える望遠鏡や人工衛星、さらに理論研究を行うスーパーコンピュータなど、あらゆる手段を駆使して宇宙の謎に迫っています。その生き生きとした天文学研究の最前線を市民の皆さまにわかりやすくお届けすることが、われわれ天文情報センターの使命です」

これは、天文情報センターが一般の人たちに向けたメッセージです。この文からもわかるとおり、天文情報センターには、多くの人にとって「知りたいけれどむずかしい」と感じる宇宙や天文についてのあらゆる事柄を、一般の人たちに理解してもらうという役割があります。

そのため天文情報センターでは、宇宙に関する新発見や最新の研究成果はもちろん、春分・秋分の日や、日の出・日の入りなど日常生活に密着する暦の計算、さらには日食やほうき星など、子どもからお年寄りまでだれもが楽しめる天文現象の情報を知らせたりホームページで解説したりしています。

天文情報センターの職員は、こうした情報をどうしたらより広く、よりわかりやすく伝えられるか、頭をひねり、みんなで知恵を出しあいながら広報活動に努力しています。

ほしぞら情報では、各月の星空のようす、惑星現象、注目の天文現象を紹介する「星空カレンダー」をホームページで一般の人向けに展開。暦計算室のホームページでは、日の出入り・月の出入り、月齢、今日の暦など、暦についてさまざまな情報を調べることができる。

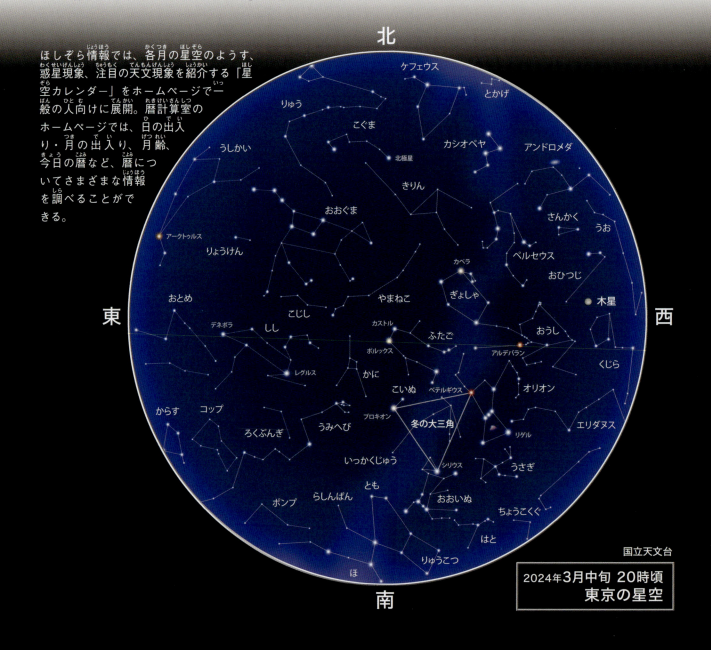

国立天文台
2024年3月中旬 20時頃
東京の星空

専門的な広報

天文情報センターではホームページを通じて、研究成果の公開など、さまざまな情報発信をおこなっています。

● **プレスリリース**
国立天文台の研究成果などの発表や記者会見の開催。

● **国際広報**
プレスリリースなどを英文で発信したり、海外の研究機関やジャーナリストとの関係構築のため、研究会などへブースを出展したりする。

● **市民天文学**
すばる望遠鏡などの国立天文台の観測機器が生みだすデータを活用し、科学を通じて市民が研究者とリンクする試み。

● **ネット中継、動画制作**
日食や月食などといった注目の天文現象や講演会をインターネット中継する。動画の制作もおこなっている。

【ライブ配信】石垣島天文台から部分日食を見よう！（2023年4月20日）

「宇宙の窓口」

天文情報センターでは、「天文学って本当におもしろい」とだれにでも思ってもらえるように、いろいろなアイデアを出して、日々運営をおこなっています。

天文情報センターの職員は「施設公開や情報満載の動画、印刷物として使用できる資料など良質の科学エンターテインメントを提供していくこと」をめざしているといっています。

なお、ホームページの閲覧も、動画や中継の視聴も、情報を出力するのも無料です。

また、国立天文台の本部である三鷹キャンパスの公開や定例観望会などの一般向けイベントを実施。一般の人からよせられる天文や宇宙に関する質問に答えるサービスもおこなっています。

平日に毎日受けつけている質問窓口。一般やメディアからよせられる質問件数は、年間でおよそ1万件にもなる。

宇宙の観測環境を守る「周波数資源保護室」のしごと

天文情報センターに、「周波数資源保護室」という部署がある。「天文学の観測に適した環境を守る」のが、部署のしごとだ。

たとえば、まちの明かりのせいで空が明るくなると星が見えなくなる「光害」はよく知られているが、人工衛星の急増で、人工衛星が太陽の光を反射して明るく見えたり、観測データに衛星が写りこみ、正確な星の明るさが測れなくなる光害が増えているという。また、電波天文観測では、携帯電話やテレビ・ラジオ、自動車の衝突防止レーダーなど、人工的に電波を発する装置が地上にどんどん増えることで、宇宙から届く電波を望遠鏡がキャッチすることがむずかしくなるという問題も起きている。

光も人工衛星も電波も、便利で安全な生活を送る上でかかせない存在。周波数資源保護室では、便利で安全な社会と天文学の観測に適した環境の両立をめざして、さまざまな活動を続けている。

国立天文台三鷹キャンパスのマップ

国立天文台は日本の天文学研究の中心的役割を果たしている研究機関ですが、開かれた研究所として一般にも施設を公開しています。三鷹キャンパス内の公開されている施設を見てみましょう。

❶「第一赤道儀室」は、キャンパスに現存する建造物のなかでもっとも古いもの。1921年（大正10年）に完成。ドーム内にある口径20cmの屈折望遠鏡は、1938年から61年間にわたり、太陽黒点を観測しつづけた。

❷たくさんの貴重な子午儀が展示されている「子午儀資料館」。「子午儀」とは、子午線にそって南北のみに回転する望遠鏡のこと。天体が子午線上を通過する時刻を正確に測るためのものだ。建物内にあるレプソルド子午儀は、国の重要文化財だ。

❸「太陽系ウォーク」は、100mの距離に太陽（手前）と水星から土星（いちばん奥）までの6つの惑星がならんでいる。太陽系の広がりを140億分の1に縮小。太陽から歩いていくことで、惑星と惑星の間隔のちがいなどを体感し、それぞれの天体の特徴を知ることができる。

❹1926年（大正15年）に完成した「天文台歴史館」の大きなドームのなかには口径65cmの屈折望遠鏡がおさめられている。木製のドームは、造船所の技師の支援で建設されたもの。1998年3月をもって研究観測から引退し、2001年春に天文台歴史館として再出発した。

❺「ゴーチェ子午環」は、1904年（明治37年）に購入。当時天文台のあった麻布で使用されていたが、1924年（大正13年）の天文台の三鷹への移転後に三鷹の主要装置として使われてきた。

「50センチ公開望遠鏡」。1996年4月から月に2回、定例観望会を開催（要予約）。広報用画像の撮影や、研究観測に使用することもある。

❼1970年に完成した「6mミリ波電波望遠鏡」は、国内では初（世界でも3番目）のミリ波電波望遠鏡。宇宙電波観測の中心が野辺山になり、三鷹での運用は終えたが、その後、水沢、野辺山へ移設。さらに鹿児島県の錦江湾公園に移され、ふたたび三鷹の地にもどった。2019年度第2回日本天文遺産に認定。

国立天文台職員ファイル ⑤

林 雄輝さん
事務部／施設課

しごと歴：6年
大学で専攻した分野：電気電子材料工学、情報通信工学
子どものときの趣味：屋外で体を動かすこと、サッカー

このしごとにつこうと思ったきっかけは？

子どものころから星空をながめるのが好きで、国立天文台にも何度か来たことがあります。進路を考えているときに、いままで自分が学んできたことを発揮できるしごとで、さらに小さいころから興味があった天体関係の職場ということで、国立天文台を志望しようと考えました。

実際に働いてみてどうですか？

自分の専門分野だけでなく、さまざまな知識がないと業務をこなすことができないので、毎日が勉強です。事務部は事務作業が多いと思っていたのですが、電気関係の簡単な修理作業、キャンパス内の保全としての倒木の処理など、肉体労働が多かったのも驚きでした。

しごとをする上で、大切にしていることは？

人とのコミュニケーションです。
ひとつのしごとをこなすだけでも、別の専門分野の人の意見が必要になる場面が多く、ひとりで完結できるしごとはないと思います。なにかあったときに相談に乗ってもらえる上司や同僚がいるだけでも、しごとのやりやすさはかわってくるのだなと、日々感じています。

やりがいを感じるのは、どんなときですか？

自分の担当した工事が無事に完了し、目に見える形で成果が出たときにやりがいを感じます。研究施設を支えるライフラインの整備や維持管理は、責任重大。でもその分、達成感は大きく、研究者側の要望と自分の知識を照らしあわせて最適な環境を整備していくのは、楽しくもあります。

日頃、どのようにしごとをしていますか？

やらなければならない業務に優先順位をつけてしごとをするようにしています。
日々の業務のほかに突発的に急ぎのしごとが入ることもあるので、多少余裕をもってスケジュールを組むことで、つねに心にゆとりをもってしごとにのぞむことができます。

子どものころの夢は？

小学生のころに全国高校サッカー選手権大会を観戦し、あの舞台に選手として立ってみたいと思っていました。実際には天文台の職員になりましたが、小学生のころから得意だった算数や理科の勉強をいかせるしごとにつけているのかなと思っています。

国立天文台の職員になるには？

国立天文台の職員は、大きく研究教育系職員・技術系職員・事務系職員の3種類にわかれ、採用も職種ごとにおこなわれています。ここでは、国立天文台の職員になる方法と採用後について、職種ごとに紹介します。

どうすればなれるの？

●研究教育系職員として働くためには

研究教育系職員の募集については、国立天文台のホームページなどでそれぞれのプロジェクトごとに公募がおこなわれます。

書類選考と面接を経て、採用が決まります。

応募資格は多くの場合、大学・大学院を卒業して取得する修士号や博士号が必要です。

大学で研究をおこなっている教授や准教授、助教などが就職することも、多く見られるケースです。

自分のおこなってきた研究をどのようにいかしたいのか、明確にしておくことが大切です。

また、実際のしごとでは、海外のプロジェクトに参加したり論文作成をおこなったりするため、英語などの語学力が求められます。

採用後は、それぞれのプロジェクトに所属し、国内外で研究者などとして働きます。

●技術系職員・事務系職員として働くには

地区ごとに国立大学などが合同で実施する「国立大学法人等職員採用試験（関東甲信越地区）」を受験します。この試験を通過すると、国立天文台の面接を受けられるようになり、合格すると、採用が決まります。また、研究教育系職員と同様に公募によって採用される場合もあります。

採用後は部署に配属され、先輩に教えてもらいながら業務を学びます。また、国立大学などと合同の研修に参加する機会もあります。

海外赴任をする場合、ハワイであれば英語、チリであれば英語とスペイン語の研修など、研修制度が利用できるようになっています。

国立天文台の本部がある三鷹キャンパスの正門。国内外にある観測施設の統括や天文学研究、新しい観測装置の開発、大学院生の教育などをおこなっている。

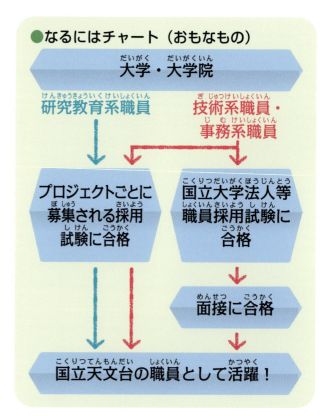

●なるにはチャート（おもなもの）

大学・大学院
↓
研究教育系職員 → プロジェクトごとに募集される採用試験に合格
技術系職員・事務系職員 → 国立大学法人等職員採用試験に合格 → 面接に合格
↓
国立天文台の職員として活躍！

学生の受け入れ

国立天文台では、春休みに「国立天文台スプリングスクール」を開催しています。

これは、天文学研究に強い意欲をもつ大学生を受けいれて、講義や体験学習などをおこなうものです。

プログラムでは、数日にわたって最先端の天文学の基礎を学ぶことができます。

詳細や応募方法についてはホームページで公開されるため、興味のある学生や将来参加を希望する中高生などは、定期的に情報を確認しておくとよいでしょう。

三鷹キャンパスの大セミナー室でおこなわれた集中講義。

先端技術センター（→p19）見学の様子。開発の現場で開発者から生の声を聞くことができる。

毎年8月に、理工学系学部2年または3年に在学する学生に向けてサマースチューデントプログラムを開催。国立天文台三鷹地区や国内各観測所に加え、ハワイ観測所（アメリカ、ハワイ州ヒロ）およびチリ観測所（チリ共和国、サンチャゴ）でも学生の受け入れをおこなっている。

天文学にかかわるしごと

まだまだあるよ

日本は、大学の研究室や研究機関などでも天文学の研究が盛んにおこなわれ、天文台も、地方自治体などが運営するものが各地にあります。日本人には、宇宙や天文にあこがれをもつ人が多いのでしょうか。

地方自治体などが運営する天文台

大型の望遠鏡をそなえる天文台は、国立天文台以外にもあります。それぞれに目的はことなりますが、宇宙や天体に関する学術研究をおこなう天文台や、望遠鏡をはじめとした設備を一般に公開する「公開天文台」といわれるところもあります。

写真：仙台市天文台

宮城県の仙台市天文台には展示室やプラネタリウムなどの設備があり、研究分野では、小惑星の発見などに成果をあげてきた。

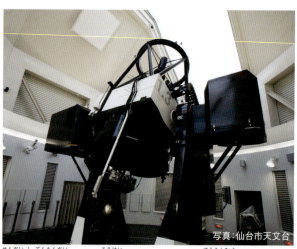
写真：仙台市天文台

仙台市天文台にある口径1.3mの「ひとみ望遠鏡」。

大学などの研究機関

全国の大学では、研究分野のひとつとして天文学をもうけるところも多く、また、博物館や研究機関などでも、天文学の研究がおこなわれています。なかには、観測所や天文台、望遠鏡などを独自に運営しているところもあります。
　JAXAなどの研究機関も宇宙航空開発のために、宇宙や天体の研究を進めています。

写真：東京大学木曽観測所

東京大学が運営する木曽観測所（長野県木曽郡）。口径1.5mの「シュミット望遠鏡」などの施設が整っている。

写真：独立行政法人国立科学博物館

国立科学博物館の理工学研究部では、天文関係の資料をふくむ、科学や技術に関する資料を調査、収集、整理、保存するとともに、展示もおこなっている。

さくいん

あ

アテルイⅡ ……………………………… 16,17
天の川銀河 ……………………………… 14,16,21
アルマ望遠鏡 …………………… 1,2,3,9,17,19,21
暗黒星雲 ………………………………………… 13
石垣島天文台 …………………………………… 8,15
Ｘ線 ……………………………………… 3,5,13,14
大型低温重力波望遠鏡KAGRA ………………… 21
オペレーター ……………………………… 10,11,12

か

科学研究部 ……………………………………… 7,17
可視光線 …………………………………… 5,13,19,21
観測制御棟 ……………………………………… 11,12
観測装置 …………… 1,5,8,10,11,14,16,17,19,
20,21,22,28
観測提案書 ……………………………………… 10,11
観測天文学 ………………………………………… 16
光学望遠鏡 ………………………………… 3,8,10,16
口径 ……………………………………… 12,13,26,30
コンピュータ・シミュレーション ……………… 16

さ

紫外線 ……………………………………… 3,5,13,19
JASMINEプロジェクト …………………………… 7,21
周波数資源保護室 …………………………………… 25
重力波 ……………………………………… 7,8,21,24
主鏡 ………………………………………………… 5,12
人工衛星 …………………………………… 21,24,25
スーパーコンピュータ …………………… 8,16,17,24
すばる望遠鏡 …………… 4,5,9,10,11,12,14,17,19,
21,23,25
赤外線 ……………………………………… 3,5,13,14,19,21
先端技術センター …………………… 7,19,21,22,29

た

チリ ……………………………………… 1,7,9,10,28,29
ＴＭＴ（Thirty Meter Telescope） … 7,12,21
デイクルー ……………………………………… 11,12
電磁波 ……………………………………… 5,13,21

て

天体 …………… 1,5,10,12,13,16,21,24,26,27,30
電波 ……………………………… 1,3,5,13,19,21,24,25
電波望遠鏡 …………………… 3,8,10,13,16,18,21,26
天文情報センター ………………………………… 15,24
天文データセンター ……………………………… 23

な

野辺山宇宙電波観測所 …………………… 7,8,10,13,21

は

バーチャル天文台 ………………………………… 23
波長 ……………………………………… 5,13,21
パラボラアンテナ …………………………… 1,2,3,13
ハワイ ……………………………… 4,5,7,9,10,11,28
ハワイ観測所 ……………………… 7,8,9,11,14,23,29
光害 …………………………………………………… 25
光赤外 ……………………………………………… 21

ま

マウナケア ……………………………… 4,5,9,10,11
水沢VLBI観測所 …………………………… 7,9,17,18
三鷹キャンパス …………………… 8,25,26,28,29
ミリ波 ……………………………………… 13,26
モリタアレイ …………………………………………… 2

ら

理論天文学 ……………………………………… 16,17

31

■ 編集
こどもくらぶ（二宮祐子／上野瑞季）
「こどもくらぶ」は、あそび・教育・福祉分野で、子どもに関する書籍を企画・編集している今人舎編集室の愛称。図書館用書籍として、毎年10〜20シリーズを企画・編集・DTP制作している。これまでの作品は1000タイトルを超す。
https://www.imajinsha.co.jp

■ 企画協力：稲葉茂勝

■ デザイン・DTP
菊地隆宣

■ 企画・制作
株式会社今人舎

■ 取材協力
大学共同利用機関法人自然科学研究機構
国立天文台

■ 画像・写真協力
大学共同利用機関法人自然科学研究機構
　国立天文台
仙台市天文台
東京大学木曽観測所
独立行政法人国立科学博物館

■ 参考資料
●国立天文台ホームページ
https://www.nao.ac.jp/
●アルマ望遠鏡
https://alma-telescope.jp/
●すばる望遠鏡
https://subarutelescope.org/jp/
●先端技術センター
https://atc.mtk.nao.ac.jp/
●天文情報センター
https://prc.nao.ac.jp/prc/
●【彩の知星】すばる望遠鏡の活躍を支えた裏方の力
https://sai-news.com/2022/11/04/sai-tisei-01/

※本書籍内においてクレジットが記載されていない画像は、すべて国立天文台が著作権を有するものです。

この本の情報は、特に明記されているもの以外は、2024年7月現在のものです。

理系の職場　⑨国立天文台のしごと

初　版	第1刷発行	2024年9月1日

編	こどもくらぶ
発行所	株式会社同友館
	〒113-0033 東京都文京区本郷 2-29-1
	電話　03-3813-3966　FAX　03-3818-2774
	http://www.doyukan.co.jp/
発行者	脇坂 康弘

印刷／製本　瞬報社写真印刷株式会社

©Kodomo Kurabu 2024　Printed in Japan.
Published by Doyukan Inc.
乱丁・落丁本はおとりかえいたします。

無断複写複製（コピー）禁ず
ISBN978-4-496-05711-3　NDC 335
32p/29cm